PROJET D'EXPLOITATION

DU

THÉATRE DE METZ,

PAR UNE

ASSOCIATION

EN RÉPARTITION PROPORTIONNELLE DE TOUS LES BÉNÉFICES.

Par ALEXIS LEMONNIER,

Artiste de Province, ancien Élève de l'école Choron
et du Conservatoire Royal de musique.

METZ. — TYPOGRAPHIE DE J. MAYER SAMUEL.

—

1847.

PROJET D'EXPLOITATION

DU

THÉATRE DE METZ,

PAR UNE

ASSOCIATION

EN RÉPARTITION PROPORTIONNELLE DE TOUS LES BÉNÉFICES.

Par ALEXIS LEMONNIER,

Artiste de Province, ancien Élève de l'école Choron
et du Conservatoire Royal de musique.

METZ. — TYPOGRAPHIE DE J. MAYER SAMUEL.

1847.

AVERTISSEMENT.

Je m'adresse à tous les amis de l'art, mais spécialement aux Artistes. Ceux d'entr'eux qui voudront bien prendre la peine de me lire, doivent s'attendre à un bouleversement général dans leurs idées. Je ne puis les obliger d'accepter les miennes; mais j'espère du moins prouver que je me suis occupé du bien de tous, et que j'ai réussi à mettre sur les traces du bien qu'il faut atteindre.

Désirant particulièrement organiser le théâtre de Metz auquel je suis attaché, je n'en ai pas moins travaillé pour de plus petits ou de plus grands théâtres. Les grandes villes pourront appliquer les mêmes principes avec des moyens supérieurs; les petites, en se bornant à des proportions plus modestes. L'intelligence des hommes qui accepteront ces idées là suffira pour applanir toute difficulté. Je n'ai rien à leur dire de plus, si non de respecter les bases qu'une sérieuse étude m'a fait établir.

Dans le courant de ce travail, j'aurai malheureusement l'occasion de traiter sévèrement les hommes qui vivent du mode d'administration actuelle; mais qu'il soit bien entendu que je n'ai eu l'intention de faire aucune personnalité. Je crois les choses dans un fort mauvais état, et tous les directeurs sont de mon avis. Seulement ne cherchant pas ou ne pouvant pas trouver mieux que ce qui est, ils continuent à marcher à travers les mauvaises chances qui les ruinent sans rendre leurs pensionnaires plus heureux; et pardessus le marché, ils perdent souvent le bien le plus précieux, l'honneur.

Quelques-uns crieront peut-être bien fort contre cette innovation. A ceux qui le feront par simple prévention et de bonne foi, j'apporterai des preuves. Quant aux autres, ils feraient mieux de se taire, parce qu'on pourrait leur dire : « maintenant je vous connais, vous êtes jugés. »

Je puis avoir frappé un peu dur sur la spéculation particulière ; mais cependant, il faudra reconnaître que j'ai songé en plus d'un cas aux intérêts du capital comme à celui de l'artiste, et que je ne suis pas si méchant que j'en ai l'air.

Ce qu'il y a de sûr, c'est que les choses ne peuvent pas rester comme elles sont. Il faut absolument changer de régime. Voyez si j'ai bien mis le doigt sur le mal et si j'apporte un remède.

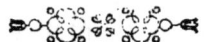

AVANT-PROPOS.

Effrayé, pour mon propre compte, de la situation critique de toutes les entreprises dramatiques, et entrevoyant l'impossibilité de sortir de ce dédale tant que les théâtres seront abandonnés aux mains de certains spéculateurs, qui ne cherchent que leurs intérêts particuliers sans avoir égard aux misères qu'ils laissent après eux pour toute trace, — je me suis mis en tête d'essayer l'application d'une nouvelle organisation sociétaire qui peut d'un seul coup renverser tous les systèmes anciens, et établir irrévocablement cette heureuse sécurité sans laquelle toute exploitation est impossible ou au moins très imparfaite.

L'expérience m'a prouvé que la plupart des Directeurs n'étaient que des spéculateurs plus ou moins adroits, plus ou moins honnêtes, et qu'en général, bons et mauvais s'entendent parfaitement à faire supporter toutes les pertes qu'ils éprouvent, sans offrir la moindre chance de participer dans les bénéfices quand ils en font.

L'expérience m'a prouvé aussi que dans ces prétendues *Sociétés* que quelques-uns vantent, je ne sais trop pourquoi, celui qui exploite l'entreprise commence toujours par s'assurer, avant tout bénéfice, un traitement qui ressemble tant soit peu à la part du lion. Que les Artistes soient ou non lésés, cet associé-Directeur s'arrange toujours de manière à tirer son épingle du jeu, ce qui peut prouver que l'avantage reste quand même à un seul individu,

Or, qu'on spécule sur des sociétaires ou sur des pensionnaires, il y a toujours exploitation de tous au profit d'un seul.

C'est une mauvaise plaisanterie qu'une *Société* pareille; si son chef avait trouvé l'entreprise bonne, il la conserverait pour lui seul. Il vous appelle à en courir les chances, c'est qu'il la trouve mauvaise, et alors il y a spéculation indigne à s'assurer un gros traitement quand on sait quelle maigre part restera pour les autres.

J'ose avancer que toutes les Directions prétendues sociales qui existent aujourd'hui sont autant de guets-à-pens dans lesquels se laissent attraper les braves gens qui ne se défient de rien. Qu'un seul me prouve la moralité de toutes ces exploitations équivoques! qu'il me dise s'il a touché son *prorata*, et si l'associé-Directeur a subi sa part de perte, quand il y a eu perte. Mais surtout qu'il me dise franchement si l'Artiste, tout en courant la chance de ne pas atteindre son *prorata*, avait seulement le plus petit espoir d'un partage dans les bénéfices, s'il y en avait eu ?

Non! non! mille fois non! Le *prorata* est une grande illusion, une illusion de fou! Les deux tiers des appointements ? — Autre illusion! Et dans ces systèmes qui n'assurent rien du tout, je ne serais pas surpris qu'on n'atteignît pas seulement la moitié de son traitement!

Mais aussi, vous tous à qui je m'adresse, vous qui savez si bien apporter votre dos pour vous laisser tondre, c'est vous qui voulez tout ce qui est; c'est vous qui, au lieu de vous tendre mutuellement une main amie, préférez aller chacun de votre côté vous occuper de futilités dramatiques; pendant que la misère qui vous dévore vous contraint d'emprunter sur vos bijoux ou sur votre garde-robe pour payer votre pain de chaque jour, vos tondeurs aiguisent leurs ciseaux bien trempés..... et puis ils vous abandonnent ...... tout nus.

Et moi, si je viens vous proposer un système nouveau, si je vous dis : je viens à vous tous comme un ami, comme un frère, pour travailler à faire cesser votre détresse, pour vous prédire que l'abondance et la joie devront, si vous le voulez bien, remplacer au milieu de vous le dénûment et les larmes..... peut être ne ferez-vous qu'en rire.....

Je suis bien sincère pourtant ; oui, c'est mon cœur qui me dicte ce que vous allez lire ; et si ma plume rétive ne peut pas tracer tout ce qui remplit ma pensée, n'accusez qu'elle, et non pas la droiture de mes sentiments, car ils sont purs.

Victime comme vous de la spéculation, mon intérêt comme mon sentiment de la justice me commandent de chercher tous les moyens légaux pour nous délivrer tous ; mais ne croyez pas qu'il y ait dans mon esprit la moindre préméditation de me créer une fortune aux dépens de ceux que je veux sauver ; qu'un temps meilleur survienne, et pour tout bénéfice, je ne vous demande que votre estime.

Il ne s'agit point ici d'un spécifique unique qui guérit tous les maux, je ne suis point un charlatan, ou plutôt, c'est tout dire, je ne suis point un spéculateur. Je viens à vous avec une idée bienfaisante et des chiffres exacts ; le plus simple bon sens suffira pour apprécier la vérité que je vous apporte.

Une chose est bonne ou mauvaise, elle est fausse ou vraie, morale ou immorale. Quand je vous aurai mis sous les yeux mon système, vous l'accepterez ou vous ne l'accepterez pas tout entier ; mais vous verrez bien que j'aurai certainement apporté au corps dramatique une idée vraie et féconde.

Je ne crois pas avoir dit le dernier mot ; par conséquent je laisse le champ libre à tous les hommes de bonne volonté et d'étude. Ils pourront trouver mieux quant à l'application, mais jamais quant aux principes. Celui-là a été trouvé et posé par un plus grand esprit que le mien ; je n'en ai pas la gloire, mais je puis prédire qu'il n'y aura qu'erreur pour qui s'en écartera.

Que tout autre me propose donc une application meilleure, et je m'empresserai d'aller à lui. Je ne demande que ce qui sera éternellement juste : *la répartition proportionnelle entre tous des moindres bénéfices, et l'impossibilité de la plus petite soustraction de la part du chef de la société.* Arrière la spéculation !

Je recommande à ceux qui voudront bien prendre la peine de lire ces quelques pages qui concernent leurs intérêts, de ne porter un jugement décisif sur ce que je prepose, qu'après avoir bien réfléchi ; le cas en vaut la peine, je pense.

Il s'agit de ne pas croire sans remède un mal détestable et honteux ; la misère dans laquelle pataugent toutes les troupes de province pour ne point parler de Paris. Il s'agit de sauver le Directeur lui-même de sa honte, puisqu'il y aura moyen aussi de rétribuer justement l'administrateur suivant sa capacité administrative. Il s'agit en un mot de rétablir la MORALITÉ dans les entreprises théâtrales, de préparer entre nous le règne de la vérité et de la justice.

Je le répète, je n'ai ni la prétention d'être un inventeur, ni celle d'avoir tout dit sur le genre d'organisation que je propose. Mais j'ai la conviction profonde et réfléchie que le bonheur et la fortune ne sont possibles au théâtre qu'en suivant la route où je veux l'engager.

ÉTAT DE LA QUESTION.

> La fraude et le larcin sont des vices inhérents à toute entreprise industrielle où les agents ne sont pas co-intéressés en répartition proportionnelle au capital, au travail et au talent.
> (FOURIER.)

Un théâtre en province devrait être considéré comme le temple des beaux arts, et le public en y entrant devrait se sentir pénétré de respect et d'admiration pour les interprètes des œuvres dramatiques et lyriques. Au lieu de cela, le théâtre n'est envisagé par la plupart des moralistes et des bourgeois que comme un centre de perdition et de débauche.

L'auteur et le compositeur qui réussissent sont entourés d'hommages, et les louanges sont versées à grands flots pour glorifier leur génie ; mais le monde ne s'arrête pas là : hors du temple, l'homme de génie est encore respecté et considéré comme un autre homme, et c'est justice, tandis que les comédiens, qui ont contribué à édifier sa gloire et qui auraient bien droit aussi à une petite part de cette gloire méritée, sont généralement repoussés jusqu'au mépris dès qu'ils ont quitté la livrée du théâtre.

Je suis loin de vouloir prouver que les Artistes ne sont pas coupables, et qu'ils ne méritent pas en partie d'être repoussés comme on le fait. Je ne m'arrête pas sur ce qui est, mais sur ce qui devrait être, et je dis que ce ne sont pas les Artistes qui se sont démoralisés, mais que c'est le monde au contraire qui a démoralisé les Artistes.

Si nous remontons à l'époque où les comédiens commencèrent à se répandre dans la province, nous remarquerons que leurs mœurs dûrent se ressentir de l'accueil qu'on leur fit. Écartés du monde dès cette époque, pour des raisons plus ou moins mauvaises, ils durent nécessairement se créer une existence à part. Le monde continuant dans son préjugé, les Artistes aussi continuèrent dans leurs habitudes ; et enfin nous sommes arrivés jusqu'à nos jours sans que le monde ait rien fait pour ramener à lui des brebis égarées ; ce qui ne veut pas dire, pourtant, que les Artistes ne peuvent pas revenir à des mœurs plus pures.

Il n'y a pas de raison pour que ceux, sans lesquels les œuvres dramatiques resteraient à peu près des œuvres mortes, pour que ceux qui leur donnent en quelque sorte le mouvement de la vie, soient plus incapables de moralité que les auteurs et les compositeurs eux-mêmes.

Le Gouvernement abandonne peut-être trop la population dramatique ; et pourtant il serait possible qu'une organisation bien entendue puisse faire germer la foi morale au milieu de ces pauvres parias, et leur fournir le moyen de se réhabiliter eux-mêmes aux yeux d'un monde trop sévère. Mais le Gouvernement a bien d'autres choses à faire que de s'occuper de nous. Que les théâtres soient ou ne soient pas organisés, peu importe ; que des spéculateurs plus ou moins adroits nous exploitent ou non, peu importe ; que le monde nous estime ou ne nous estime pas, peu importe mille fois !

Que le Gouvernement nous délaisse si cela lui plaît, pour ma part peu m'importe aussi, parce que je crois avoir trouvé ce qu'il faut pour se passer de lui dans la réforme qui est à faire.

L'expérience le prouve, pour moraliser des hommes il ne suffit pas de leur prêcher la morale. Il faut tout bonnement leur faire trouver plaisir, honneur et profit à être moraux. Il faut les faire arriver à des conditions où ils puissent loyalement et sincèrement gagner par leur travail le bien-être du corps et de l'esprit. Ce n'est que par la sécurité sur leur avenir qu'on pourra prédisposer ces bohémiens du théâtre à la vie honorable et aux sentiments élevés. Or, cela revient à dire, si je ne me trompe, que pour le théâtre comme pour une entreprise industrielle, la moralisation des individus est avant tout une question de pain quotidien, une question *d'organisation du travail*.

Eh bien! donc, puisque nous ne sommes pas au temps où le théâtre puisse être considéré comme un temple, soyons plus modeste et raisonnons comme pour une simple entreprise industrielle.

Que faut-il pour bien conduire une exploitation industrielle ? des capitaux, du travail et de l'intelligence. Sans hommes de travail et de talent, le capital n'est qu'une matière inerte ; de même que sans capitaux le travail et le talent manquent d'instruments et de base pour se développer.

Il est donc juste que dans les produits de l'entreprise le capital fourni ait sa rétribution comme le reste, en proportion du service qu'il a rendu. Si nos chers Directeurs capitalistes, ou prétendus tels, voulaient se borner là, nous n'aurions pas à crier à la spéculation. Mais est-il juste que l'entrepreneur veuille s'arranger de manière à ne rien perdre, et ne considère l'Artiste que comme une machine bonne à lui faire de l'argent ? est-il juste, est-il sensé que la matière s'engraisse aux dépens de l'intelligence et de l'activité que lui donne la vie ?

Personne ne voudra le dire.

Il n'y aurait pas non plus justice à exiger d'un Directeur de beaux appointements fixes et assurés quand il sera peut-être obligé de les payer de sa poche. Et si nous appelons le mépris sur le spéculateur, songeons aussi, nous Artistes, à ne pas dire: « tel Directeur a de la fortune, s'il y a perte, tant pis pour lui, il faut qu'il nous paie intégralement. » Vouloir contribuer aussi à sa ruine serait un autre genre d'immoralité.

Supposons donc un capitaliste honnête, désintéressé, ami du vrai progrès social, qui, ne connaissant pas les bénéfices qu'il pourrait recueillir dans une entreprise théâtrale agirait loyalement, et qui, au lieu de donner à chaque artiste un traitement fixe, proposerait de courir ensemble les chances bonnes ou mauvaises pendant l'exploitation.

Cet homme assemblerait tous ses artistes et leur dirait :

« Voici un théâtre tout construit qui ne demande qu'à ouvrir ses portes aux artistes et au public. Je ne puis connaître ses ressources quoique tout me fasse croire que le public y viendra. Mais ne sachant pas à l'avance à quel chiffre pourront s'élever les recettes, et supposant une moyenne d'après l'expérience des autres théâtres de la province, je ne risque rien en vous assurant d'après cette moyenne, un minimum qui devra suffire à une vie modeste mais honnête. Tous les mois les comptes seront réglés, et s'il y a des bénéfices, ils seront intégralement partagés au prorata de vos titres d'appointements. Le capital que j'aurai avancé me rapportera un intérêt réglé sur le chiffre réel des produits. Réfléchissez, et voyez si vous voulez tenter la fortune. »

Je ne sais si je m'abuse, mais il me semble qu'une telle proposition devrait être immédiatement acceptée ; car il est de justice divine de partager les pertes comme les bénéfices avec un entrepreneur de ce genre, bien différent de celui qui exige fort immoralement de bons appointements fixes, quand il y a incertitude de pouvoir les faire aux artistes.

Or, je puis assurer sans crainte que le théâtre de Metz est loin d'offrir de grandes incertitudes de bénéfices. Je prétends qu'avec une gestion intelligente on doit arriver à en réaliser de bons ; ceux qui connaissent la ville sont à même de juger si je me trompe.

Mais le capitaliste généreux dont je viens de parler, où est-il ? il faut nous en passer aussi ; et c'est précisément là la question. Trouvons moyen de nous passer d'un *Directeur capitaliste !*

ASSOCIATION.

> L'association est gage de toute économie, de toute sécurité et de toute justice.
> Point de sécurité sans minimum d'existence assuré, point de justice sans répartition proportionnelle.
> (*L'Ecole Sociétaire.*)

Le grand mot est prononcé, et s'il n'a pas épouvanté ceux à qui je m'adresse, il ne faut pas désespérer d'arriver à un résultat excellent; car il suffit souvent, pour bien comprendre une combinaison, de ne pas rejeter l'idée principale qui se résume dans un seul mot.

Je doute que ce mot, Association! soit généralement compris dans son sens le plus pur, et surtout, que l'application de la pensée profonde qu'il comporte en ait jamais été faite dans aucune entreprise théâtrale. Plusieurs sociétés diverses, et principalement la spéculation qui se glisse partout, ont abusé de ce mot en le détournant de son véritable sens. Aucune d'elles n'a sérieusement songé à produire l'accord et la satisfaction d'intérêts que donnera l'association intégrale comme je l'entends, laquelle répartit les bénéfices non seulement entre les capitaux engagés, mais aussi à chaque travailleur en proportion de son travail et de son talent. Cette simple observation doit déjà faire entrevoir la valeur de mon projet.

Bien plus, l'association ainsi comprise peut faire ce que ne pourrait pas faire un Directeur riche sans risquer sa ruine. Elle assure à chaque associé, avant tout partage de bénéfice, un minimum nécessaire à son existence, c'est-à-dire la vie matérielle, sans chance de misère, sans nécessité de faire des dettes, quelque soient les difficultés de l'entreprise. Une association seule peut assurer ce minimum, parce qu'elle seule réalise l'union des intérêts et des volontés, fait travailler chacun avec goût, avec certitude de participer au plus petit bénéfice, et que, par conséquent, elle est certaine d'un bon minimum de recettes.

Enfin, pour assurer ce minimum à chacun avec économie profitable à tous, l'association fournit ce minimum en nature ; et c'est précisément ce que je veux réaliser dans mon système : la grande difficulté ne sera pas de convaincre les artistes un peu réfléchis de la bonté de ma proposition, mais d'arriver à vaincre dans le grand nombre la force du préjugé et des vieilles habitudes. Heureusement qu'on sera bientôt convaincu par le bien-être que mon système fera trouver à ceux qui seront assez bien avisés pour signer l'acte d'association, sans s'arrêter à la nouveauté de l'exploitation que je propose.

D'ailleurs, ceux qui seront effrayés d'une innovation qui bouleverse tous les usages dont nous sommes tous esclaves et victimes, sont parfaitement libres de ne point accepter ce que je leur offre, et pourront continuer de s'engager avec leurs bien-aimés spéculateurs. Je ne m'adresse qu'aux gens qui aiment le progrès et qui désirent le bien.

Mais avant d'entrer plus en détail dans l'organisme de mon projet, j'entends qu'on me fait une première objection. On me dit : « vous parlez d'association intégrale du capital, du travail et du talent ; mais vous n'avez point de capitaux, ni nous non plus ; nous sommes tous de braves gens, capables de travail et d'intelligence, mais n'ayant pas le sou. » A cela je réponds ; c'est vrai, notre association n'aura pas pour le moment de capitaux associés, quoique j'espère bien qu'elle en aura plus tard.

Provisoirement nous nous bornerons à nous associer en travail et en talent ; c'est-à-dire qu'indépendamment du minimum assuré par les besoins de l'existence matérielle, chacun de nous aura un titre d'appointements déterminé plus loin, suivant la classe de son emploi, et qu'on répartira tous les bénéfices au prorata de ces titres.

Quant aux capitaux nécessaires, c'est la ville de Metz qui se charge de les fournir en nous cédant gratuitement son Théâtre avec matériel et privilège. Et loin d'exiger une part d'intérêt pour ce prêt, elle y ajoutera une subvention que des circonstances exceptionnelles ont fait seulement retirer pour l'année présente. Et cet apport gratuit ne fera que confirmer tous les associés dans la possession de leur minimum, indépendamment de toute recette courante.

Voici donc la base du projet :

La Mairie de la ville de Metz, ayant acquis l'expérience que presque toutes les Directions passées avaient plus ou moins compromis les intérêts et même l'existence d'une grande partie de ses pensionnaires, et voyant l'avenir de son Théâtre dans une mauvaise voie, croit remédier à une situation aussi critique du Théâtre et des Artistes, en m'accordant le privilège au nom d'une réunion de sociétaires devant former une association en répartition proportionnelle des bénéfices, d'après un plan qui lui a été présenté et qu'elle a accepté.

La ville accorde une subvention de.....(*) dont une partie sera avancée pour subvenir aux premiers frais de voyages, d'installation et de subsistance de la troupe.

L'autre partie de la subvention restera dans la caisse de la ville jusqu'à la fin de l'année théâtrale, et sera remise aux mains de l'association après le relevé exact des comptes, pour figurer dans la répartition proportionnelle qui sera faite aux sociétaires.

Les différents titres d'appointements qui serviront à faire cette répartition seront établis de manière à ce qu'on puisse espérer tenir ce qu'ils promettent, au lieu de se leurrer d'un espoir irréalisable en les portant trop haut, sans savoir d'avance les bénéfices

---

(*) Les années précédentes la subvention était de 18,000 fr.

qui seront faits. Ces titres d'appointements seront, dans tous les cas, bien supérieurs au minimum d'existence fixé à chaque classe, et si la part des bénéfices les dépassent encore..... Eh bien! ce sera tant mieux pour l'association et les associés.

Je reviens à ce minimum assuré d'avance à chacun. Il variera naturellement par classe suivant les emplois ; et la différence qui existera de l'une à l'autre ne pourra exciter aucune jalousie. Un choriste ne s'avisera pas de se plaindre que sa table est moins abondante que celle d'un premier sujet. Chacun son lot en ce monde ; ceci est trop simple je crois, pour avoir besoin d'autre discussion.

Mais j'ai dit que le besoin de mettre l'ordre et l'économie dans l'association exigeait autant que possible qu'elle ne donnât pas ce minimum en espèces ; qu'elle devait l'organiser de manière à le donner en nature. Voilà ce qui tend à détruire des habitudes ruineuses et qui fera cependant crier à l'innovation par quelques-uns.

Cependant il est facile de voir combien d'économies l'association réalisera par ce système ; économies bien profitables au bonheur de tous puisque les plus petites comme les plus grandes rentreront dans la masse des bénéfices à partager. Chacun sait qu'une réunion qui organise en commun ses dépenses aura pour 60 ou 80 francs par tête ce qui en coûterait 100 si chacun vivait à part. Alors un petit emploi qui gagne 100 fr. par mois, aura de l'argent en caisse pour s'en aller à la fin de l'année, au lieu de le manger au jour le jour et de partir avec des dettes, ce que nous voyons tous les jours au grand déplaisir des créanciers et de lui-même.

Le minimum suffira parfaitement pour chaque classe aux besoins de la vie ; il comprendra :

Un logement propre et décent ;
Une table bien servie à trois repas,

Le blanchissage,
Le chauffage,
L'entretien du linge,
L'entretien de la garde-robe.

Le Directeur, une fois possesseur des avances suffisantes pour l'installation de la troupe, devra partir immédiatement pour Paris, et là, s'occuper des engagements des Artistes qui se présenteront, soit chez un correspondant, soit dans un local particulier pour plus d'économie.

Aussitôt les engagements terminés, le Directeur s'occupera des voyages qui devront s'exécuter à jour fixe. Aux endroits où la voiture s'arrête pour prendre les repas, une table sera servie aux Artistes aux frais de l'association et le compte en sera réglé d'avance.

A l'arrivée de la voiture dans la ville de Metz, des employés du théâtre conduiront chaque Artiste dans le logement auquel il a droit sur le minimum que lui assure l'association.

Après quelques heures de repos, un repas sera servi dans un hôtel choisi avec lequel l'administration aura traité, et chacun trouvera ainsi chaque jour une table servie et joyeuse, sans avoir eu besoin de s'en occuper.

Je continue ; plus loin je reviendrai encore aux objections irréfléchies que ce nouveau régime va soulever.

Une blanchisseuse choisie et sûre se chargera immédiatement du linge qui aura besoin de passer par ses mains.

Au bout de quelques jours d'installation, plusieurs lingères, couturières ou raccomodeuses seront à la disposition des Artistes.

Le bois de chauffage sera acheté en masse ce qui rendra le marché plus avantageux, et chacun aura la part qui doit lui revenir, toujours en proportion de son minimum, et seulement vers le temps où le froid commencera à être sensible.

2

La somme, accordée pour l'entretien de la garde-robe, ne sera remise dans les mains des associés qu'à l'échéance du premier mois.

Tout ne serait pas suffisamment clair si je n'écrivais pas en grosses lettres que le Directeur n'est considéré dans l'entreprise que comme SIMPLE ASSOCIÉ, n'ayant comme tous qu'un titre raisonnable d'appointements qui le mette à même de faire bonne figure dans sa position. Il ne jouira donc comme tous que du droit préalable au minimum, et partagera comme eux dans les bénéfices en proportion de ses droits, lors des règlements de compte.

Les fonds que la ville accorde comme avance sur la subvention, seront remis au Directeur sociétaire, qui en devra un compte exact aux autorités et à l'association ; l'on comprend donc alors qu'il est impossible que le Directeur en fasse un mauvais usage. Tout marché, passé avec tel ou tel fournisseur ou entrepreneur de messagerie ou de roulage, sera régularisé par un acte, un contrat sur papier libre, afin d'éviter des frais, et en cas de débats peu admissibles, les uns ou les autres pourraient être appelés en témoignage pour répondre en conséquence à l'association.

Tous les achats utiles à l'administration et à l'entreprise en général, seront faits par le Directeur qui, dans l'intérêt de tous, devra seul discuter les prix, mais en présence d'un certain nombre d'associés formant conseil d'administration, qui seront témoins de toutes les opérations d'intérêts.

Tout membre de ce conseil aura le droit de faire part au Directeur de tout ce qui peut être profitable à tous. S'il est reconnu, par exemple, qu'un marchand fournirait bonne qualité et à meilleur marché que celui indiqué par le Directeur, le conseil aura le droit de lui faire donner la préférence. Ainsi de toute affaire concernant particulièrement les intérêts de la caisse sociale.

Il est certain qu'agir ainsi, c'est mettre la conduite du Directeur à découvert et qu'il lui serait impossible d'user de friponnerie. D'ailleurs, il le pourrait qu'il ne le voudrait pas, car en volant l'association il se volerait lui-même. Il sera le premier à désirer la surveillance perpétuelle des autres sociétaires au lieu d'en être froissé, car elle le met naturellement à l'abri de tout soupçon. Elle le dégage également d'une grande responsabilité, puisqu'il ne peut rien acheter et payer sans le consentement d'un conseil investi de la confiance de tous et nommé par tous. La position d'un tel administrateur sera bien différente de celle du Directeur d'une société comme celles qui existent aujourd'hui. C'est celui-là qui serait bien sot s'il se sentait sous le coup d'une surveillance aussi étendue; car il est bien loin d'économiser dans l'intérêt commun, et si on lui demandait des comptes exacts on serait certain d'être mal reçu d'abord, et ensuite trompé..... cela s'est vu.

Nous voilà donc bien rassuré sur le compte de notre nouveau Directeur.

Dès le premier mois il y aura des bénéfices en caisse; ils seront immédiatement partagés; seulement dans l'intérêt général, on devra laisser en caisse et en dehors du partage, une somme dont la valeur sera réglée en conseil pour les frais à faire dans le courant de l'année, soit pour achat de partitions, de brochures, ou confection de costumes, d'accessoires ou de décors. Toutes ces acquisitions qui profiteront indirectement à tous seront la propriété de l'association annuelle : la ville aura intérêt à les racheter pour en profiter les années suivantes, et ce sera pour elle un moyen de se créer avec le temps un matériel très beau. Dans tous les cas, ces dépenses seront, comme toutes les autres, soumises à l'approbation nécessaire du conseil, ce qui enlèvera tout motif de contestation. Elles seront parfaitement détaillées sur une feuille qui sera remise tous les mois à chaque associé, afin que chacun puisse se rendre compte des opérations du mois.

En outre, la ville ayant fait une avance de fonds, a droit aussi à une surveillance minutieuse sur toutes les opérations de l'association ; un caissier nommé par elle, homme de confiance et exact, est chargé de la tenue des livres, qui seront parfaitement clairs, parce qu'il n'y aura ni petites dépenses cachées, ni surtout, dans son bureau, encombrement de billets à ordre, de réclamations, de créanciers ou d'huissiers. Les fonds de recettes seront déposés dans une caisse fermée à clef dont le caissier sera dépositaire et responsable. Le caissier ne délivrera d'espèces qu'en présence du conseil établi ou sur un ordre signé au moins de la majorité de ses membres (1). Nouvelle garantie pour sauver le Directeur de toute chance de soupçon ignoble ; et pour assurer aux sociétaires que toute espèce d'économie obtenue par lui ne peut qu'augmenter d'autant la masse des bénéfices à partager entre tous. Enfin, si par hasard il y avait des pertes à supporter, ce que je ne crois pas, chacun du moins aurait la satisfaction d'en savoir au juste le pourquoi ; chose absolument impossible dans nos vieux systèmes.

Tout cela est beau, me dira-t-on, mais il vous sera bien difficile d'organiser une troupe aussi méthodiquement, votre minimum surtout. Les uns, par exemple, voudront prendre leurs repas chez eux, parce qu'ils n'aiment pas la cuisine préparée dehors, les autres parce qu'ils n'aiment pas à se déranger les jours où ils jouent, parce que les grandes réunions sont trop bruyantes, parce que..... parce que......!

Je sais bien que les comédiens, comme tant d'autres

---

(1) Par exception, le Directeur conservera la faculté de faire délivrer à la Caisse, sur bons signés de lui, quelques avances dont les artistes pourraient avoir besoin sur leur part de bénéfice du mois. Toutefois il ne pourra le faire que sur sa responsabilité personnelle vis à vis de l'association.

hommes, aiment par dessus toutes choses à faire leurs fantaisies, et qu'ils se soumettraient difficilement, même dans leurs intérêts, à une règle imposée du jour au lendemain. Mais grand Dieu! n'abdiquent-ils pas leur liberté bien plus mal à propos dans des engagements que la plupart signent en étourdis? Ces engagements ne leur ôtent-ils pas jusqu'au droit d'être malade un seul jour?.... Or, on comprend facilement qu'une association pourra être moins rigoureuse en cela que le meilleur Directeur du monde, lequel ne peut songer qu'à ses intérêts personnels. On comprendra surtout qu'il y a bien moins d'humiliation à se plier aux intérêts de tous qu'à celui d'un spéculateur.

D'ailleurs, ici, il ne s'agit de forcer personne, ceux qui auront lu seront libres d'entrer ou non dans l'association que je propose. J'ai trop bonne opinion des artistes en général, pour ne pas être certain d'en trouver assez pour mon essai, en attendant que l'expérience me donne raison aux yeux de tous. Je m'adresse surtout à ceux qui sont amis du bien, et qui sentent au cœur le désir de travailler un peu pour les autres en même temps qu'ils travailleront pour eux.

Ceux-là verront bien l'importance du minimum donné en nature, tant comme économie que comme condition de moralité; avantage dont tous se ressentiront naturellement. Le service de l'hôtel sera propre, abondant, varié en raison des goûts de chacun. La table de première classe réunira tout ce que les restaurants offrent de mieux. Les tables inférieures n'éprouveront de différence que par le nombre et non par la qualité des mets, et n'offriront aucune démarcation choquante. Les heures les plus convenables pour les repas, ainsi que les petits réglements d'étiquette particulière, seront arrêtés en assemblée générale; et l'administration fera tout pour satisfaire les exigences raisonnables. Les femmes, à la rigueur, pourraient craindre un arrangement qui bouleversera un peu leurs habitudes d'intérieur. Mais elles comprendront que leur présence sera précisément un gage de la bonne organisation des tables, de la décence et de la gaîté des réunions ; et sauf exceptions possibles, elles ne voudront pas priver l'association de ces conditions de succès.

Car il faut bien le dire et le répéter. Cette vie de grande famille sera facile puisque tous les intérêts seront communs. Et puis les réunions prédisposent toujours aux pensées généreuses, aux élans sympathiques. La bonne humeur ranime un zèle et un accord qui ne peut qu'attirer l'intérêt du public. Songeons à cela, si nous voulons enfin avoir quelque valeur aux yeux de ce monde qui nous a repoussés si longtemps ; prouvons-lui au moins que nous sommes parfaitement unis entre nous

Après tout, il faut avouer que l'arrangement que je propose est fort plaisant. N'est-il pas drôle, en effet, d'imaginer un système qui délivre subitement la plupart des Artistes de toutes sortes d'ennuis et d'inquiétudes qui les assiégent aujourd'hui. Quel malheur de ne plus avoir à se préoccuper d'aucune dépense matérielle, de se dire : « Du jour où je prendrai la voiture, plus de soucis, plus de dettes honteuses ; mon propriétaire, mon traiteur, ma blanchisseuse, ma couturière, seront payés sans que je m'en sois occupé. A mon arrivée je trouverai tout prêt, et je serai certain, à la fin de l'année, d'avoir ...... des économies! des économies !.. .... moi qui autrefois n'avais que des dettes. ..... quel dommage !...... »

Mais, ce n'est pas fini, j'entends venir la vieille ritournelle : « Quelles garanties nous offrez-vous avec tout cela ? diront quelques-uns. Si le théâtre fait de mauvaises affaires, que deviendrons-nous ? Si nous ne réussissons pas, comment pourrons-nous attendre un nouvel engagement ?— *Donnez-nous un mois d'avance !* »

Je ne suis pas riche, et je ne puis donner un mois d'avance, mais je le serais que je n'en donnerais pas davantage, et voici mes raisons :

Dans notre siècle de méfiance obligée, le mois d'avance est devenu avec les directeurs une nécessité déplorable. Mais ce n'en est pas moins une vraie duperie pour le Directeur ou pour l'Artiste, et souvent pour tous les deux ensemble. Le Directeur qui donne le mois d'avance commence par obérer sa caisse ; et l'Artiste qui le reçoit n'en profite pas mieux. Arrivé dans sa ville de province, non sans avoir payé quelques vieilles dettes criardes en quittant Paris, il ne trouve pas pour vivre les facilités et l'économie que mon association lui présente, et il gaspille son mois, si bien qu'en cas de chute ou de déconfiture, il est obligé de faire de nouvelles dettes ou d'emprunter sur ses effets pour avoir de quoi s'en retourner ; tandis que dans l'association, quelque soit la plus mauvaise chance, il aura vécu avec son minimum en nature, et trouvera toujours au bout du mois quelque bénéfice net avant de partir.

Le mois d'avance ! mais c'est un leurre et pas autre chose. Et quand un Directeur vous l'a donné, en êtes-vous plus avancé, plus à l'abri des faillites ? Le Directeur qui s'est gêné en vous le donnant, n'arrive-t-il pas, la moitié du temps, à vous rogner vos appointements dès le 3e ou 4e mois, et à vous faire attendre toute votre vie le 8e ou le 9e ?

Dans quelques sociétés d'aujourd'hui, il en est qui assurent la moitié, les deux tiers, etc...., celles-là ont le droit d'assurer tout ce qu'elles veulent, parce que l'autre moitié et l'autre tiers ne se retrouvent jamais, et j'en parle avec connaissance de cause. Mais en admettant que l'on puisse et qu'on veuille suivre un semblable système, il faut remarquer que cet arrangement convient à tous les premiers sujets dont le traitement est toujours d'un chiffre fort élevé ; mais les emplois secondaires, mais les petits emplois doivent-ils être enchantés de cette disposition? C'est ce que je ne pense pas. Et puis, il faut tout dire, dans ces sortes de sociétés, il en est toujours qui savent ne rien perdre ou qui savent au moins se faire assurer des sommes plus fortes que le droit ne le comporte, alors, je demande où est la justice et si dans tout ceci le plus grand nombre est réellement heureux?

Mais ces sociétés qui assurent..... n'importe quoi, sur quoi garantissent-elles ces assurances? Peuvent-elles répondre qu'il n'arrivera aucun accident, et les fonds sont-ils versés dans les mains de quelque notaire ou de quelque banquier en cas de malheur?... Non.

Alors il n'y a donc que le spéculateur qui se risque hardiment; mais alors ne voyez-vous pas qu'il achète le droit de vous exploiter et qu'il en use?.... Choisissez donc entre lui et l'association.

L'Association prend l'Artiste à Paris; s'il plaît au public elle le conserve; s'il tombe, elle ne lui donne pas moins son existence et sa part des bénéfices tant qu'il s'y rend utile. Il a de quoi regagner Paris; et combien il lui serait facile de se placer ailleurs si tous les théâtres de province imitaient le nôtre, et si toutes ces associations diverses arrivaient à s'entendre, comme cela aura bien lieu un jour!

Certes, en cherchant à améliorer le sort des entreprises dramatiques, je m'aperçois combien je travaille à la fois pour moi et pour les autres. Tant il est vrai que le salut des hommes est dans le sentiment de la solidarité qui les lie entr'eux! En vérité mon cœur bondit et ma tête s'enflamme quand je songe à tout le bonheur général qui pourra résulter avec un peu de temps du petit essai que je veux faire? Et quelle réussite facile, pour peu que quelques sujets intelligents et *dévoués* viennent se mettre à l'œuvre!

Ceux-là ne riront pas en lisant ces quelques pages ; ils me comprendront, car ils gémissent comme moi, de la triste part que le monde a faite aux comédiens, comme moi ils seront heureux de contribuer à sauver tant d'artistes de la misère, mais encore plus de savoir un moyen de les réhabiliter tous aux yeux de ce monde injuste.

Ceux-là verront bien dans l'avenir les admirables résultats que j'ose annoncer. Ils comprendront que l'association telle que je la propose, au lieu de rester isolée au fond d'une province, saura bientôt se relier avec toutes celles que son exemple aura produit, et étendre ainsi son réseau bienfaisant sur toute la France. Ils la verront se réunissant avec cette pauvre association dramatique actuelle qui a d'excellentes intentions, mais qui ne peut donner que quelques secours insuffisants à un très petit nombre de nécessiteux ; — donnant à son tour, non pas des aumônes, mais des pensions suffisantes pour faire vivre ceux que l'âge ou la maladie arrête ; — facilitant les mutations qui alors s'opéreront sans ennui et sans encombre ; et surtout rendant le chômage impossible en procurant des emplois à tous ceux *qui peuvent les remplir*.

Alors les Théâtres, au lieu d'être exploités selon la fantaisie et la maladresse de tel ou tel spéculateur seront régis par une seule et unique pensée, qui n'en sera pas moins la volonté de tous ; et ils pourront jouir d'un ensemble inconnu, dont la jouissance toute nouvelle pour le public le rendra plus indulgent et plus juste pour les emplois individuels; ce qui contribuera à rendre les chutes de plus en plus rares. D'ailleurs, le public ressentira une estime inconnue aussi pour ces bohémiens transformés, à qui des combinaisons heureuses auront donné le bien-être, la moralité et de nouvelles ressources pour développer leurs talents.

Alors l'association produisant des économies à chacun, c'est-à-dire de petits capitaux, et les moyens de les employer par elle-même, deviendra véritablement ce que j'appelle *l'association intégrale du capital, du travail et du talent*. Alors que ne pourra-t-elle pas faire ?.... je vois un matériel magnifique pour la scène, un hôtel vaste et élégant dans chaque localité pour loger et contenir dans tous les détails de son existence la grande famille dramatique. Je vois de bons lieux de retraite pour les vieillards, bien différents alors de ces modestes hôpitaux où ils doivent maintenant s'estimer heureux d'être reçus dans leur caducité. Je vois ces invalides de l'Artiste dans de bons châteaux à la campagne, en bon air et en beau pays... et pourquoi m'arrêter, ne fera-t-on pas tout ce qu'on voudra avec de l'argent, du travail et des cœurs joyeux comme l'association saura en avoir !....

Mais calmons notre imagination trop vivement emportée. On va crier au rêveur, à l'utopiste ; et pourtant il faut que j'appuie par des comptes sérieux et par des chiffres le modeste essai duquel j'attends de si belles choses avec le temps. Restons donc encore dans la triste réalité, afin de mieux trouver le moyen d'en sortir. Occupons-nous froidement de montrer comment peut se conduire une exploitation sociétaire pour arriver, au bout de huit ou neuf mois, à quelque chose qui vaille au moins des appointements ordinaires, plus la satisfaction d'avoir fait vivre tout le monde, sans cela, je l'avoue, on aurait positivement le droit de se moquer de l'inventeur.

DÉTAILS ET CHIFFRES

> Le pauvre est-il un membre ou un ennemi de la société ? Qu'on réponde !
> (Louis Blanc.)

Je commence par déclarer qu'en posant les bases de mes calculs, je me suis plus préoccupé de donner aux plus petits emplois, même aux choristes, une existence supportable, suffisante, que d'assurer de beaux dividendes aux *gros bonnets*.

Dans les circonstances d'un début surtout, l'association ne peut pas plus qu'une autre exploitation quelconque assurer à chacun tels appointements avantageux; mais elle peut et elle doit assurer à tous la vie matérielle et honnête. Elle ne doit pas souffrir que quelques sujets s'emparent impitoyablement de la meilleure part des bénéfices. Elle doit veiller à ce que tous soient heureux. N'est-il pas indigne que six ou huit sujets absorbent presque toutes les recettes, tandis que trente ou quarante autres ont à peine de quoi ne pas mourir de faim ? C'est cependant ce qui arrive tous les jours. Lorsqu'un premier ténor, une première chanteuse gagnent mille ou douze cents francs par mois, c'est tout au plus s'ils sont contents ; et ils ne s'inquiètent guère du sort de ceux qui les entourent journellement, tels que les petits emplois et particulièrement les choristes.

Si les premiers se plaignent, que diront les derniers ? Devront-ils remercier la bienheureuse organisation qui leur accorde un morceau de pain, un peu de fromage et de l'eau ? j'en ai connu pourtant, qui voulant faire honneur à leurs petites affaires et voulant surtout amasser de quoi s'en retourner à Paris, étaient obligés de se mettre à ce régime-là !

Le talent doit être récompensé et payé, c'est trop juste; mais on ne voudra pas, parce qu'on est premier ténor ou première chanteuse, songer à faire fortune en quelques années aux dépens de pauvres diables qui, parce qu'ils n'ont pas le bonheur d'être premiers sujets ont en perspective pour tout bénéfice quoi ?.... l'hôpital quand on veut bien les y recevoir, ou la mendicité !..... On ferme trop facilement les yeux sur tout cela, et l'on a tort, car si l'on voyait, on frémirait de honte de savoir tant de misère à côté de prodigalités en faveur de quelques-uns !

D'ailleurs, si l'on veut obtenir un bon travail des choristes, il faut se les attacher en leur offrant un bien-être qu'ils ne peuvent se procurer dans les directions ordinaires. Il faut les intéresser à la cause générale en leur donnant une part dans les bénéfices, au lieu de spéculer sur la détresse de quelques misérables qui ne savent pas deux notes. C'est après tout une bonne affaire que d'avoir des hommes qui puissent se chauffer et se nourir chez eux ; on n'obtient pas grand chose de celui qui ne mange pas à sa faim et qui a froid.

Enfin, j'ai dit que nous voulions la moralité au théâtre ; il faut vouloir ce qu'on veut. Mes combinaisons peuvent blesser quelques prétentions particulières, mais je suis sûr de mes bases. Qui me dira où est l'avenir, si non avec la justice et la fraternité...!

Cela dit j'entre en matière.

Je divise tous les associés en quatre classes, suivant l'importance de leurs emplois.

Puis je fixe d'abord pour chaque classe le *minimum* correspondant aux dépenses de la vie matérielle pendant un mois, minimum qui sera fourni autant que possible en nature, suivant un détail donné plus loin.

Ensuite, j'établis pour chaque emploi ce que je nomme son *titre d'appointements,* c'est-à-dire le chiffre auquel je suppose que sa part totale de bénéfice pourra parvenir, en y comprenant, bien entendu, le minimun assuré d'avance. Je le répète, il est possible que le résultat de l'exploitation ne permette pas d'atteindre tout-à-fait ce titre d'appointements, de même qu'il est possible qu'il le fasse dépasser plus ou moins. Aussi ces chiffres ne forment, à proprement parler, qu'une échelle de proportion, devant servir à la répartition de tous les bénéfices au premier de chaque mois.

Voici donc le tableau indiquant pour chaque associé le minimum et le titre d'appointement en regard de l'indication de son emploi.

	minimum	Titré d'appointements
PREMIÈRE CLASSE.		
Premier ténor des grands ouvrages................	160	500
Premier ténor léger de certains grands ouvrages....	160	600
Baryton, Martin......................	160	400
Première basse en tous genres.................	160	400
Première chanteuse légère en tous genres	160	600
Forte chanteuse, des secondes chanteuses..........	160	500
Première Dugazon, jeune première, Déjazet, travestis.	160	400
Direction, administration, régie générale	160	550
	1,280	3,950
DEUXIÈME CLASSE.		
Premier chef d'orchestre....................	135	300
2e ténor léger, Philippe, Gavaudan, des amoureux...	135	300
Premier trial, premier comique en tous genres......	135	250
Laruette, premier comique marqué, financier.......	135	200
Première basse comique, père noble, des premiers rôles	135	300
Premier rôle en tous genres, des premiers rôles marqués	135	250
Premier rôle en tous genres, coquette de haute comédie	135	250
Premier amoureux, drame et vaudeville, jeune 1er rôle	135	200
Première duègne, mère Dugazon, des mères nobles...	135	200
	1,215	2,250
TROISIÈME CLASSE.		
Deuxième trial, deuxième comique, deuxième régisseur	103	180
Troisième basse, 3e rôle en tous genres, des pères nobles	103	180
Deuxième Dugazon, deuxième amoureuse, ingénuité..	103	150
Deuxième chef d'orchestre	103	120
	412	630

QUATRIÈME CLASSE.	Minimum	Titre d'appointements.
Deuxième et 3e amoureuse, ingénuité, 3e Dugazon...	73	100
Deuxième duègne chantant la partie de 2e dessus....	73	90
Troisième comique chantant la partie de ténor......	73	100
5 premiers ténors choristes, l'un dans l'autre à 90 fr..	219	270
4 premières basses id. id. à 85...	292	340
3 tailles. id. id. à 80...	219	240
5 premiers dessus id. id. à 90...	365	450
4 deuxièmes dessus id. id. à 80...	292	320
	1,606	1,910

(Nota). Parmi les choristes il en est qui ont plus ou moins de mérite, alors ils ne peuvent être rétribués également. Ceux qui se rendront utiles seront payés en proportion de leurs services. L'augmentation de leur traitement sera l'affaire d'une assemblée particulière.

Récapitulation du traitement des Associés de toutes classes.	Minimum assuré.	Titre d'appointements.
Première classe.............................	1,280	3,950
Deuxième classe.......	1,215	2,250
Troisième classe............................	412	630
Quatrième classe	1,606	1,910
Total du traitement par mois...........	4,513	8,740

Après le personnel des associés vient celui de l'orchestre et des divers employés à appointements fixes, tel qu'il est rétribué à Metz, depuis plusieurs années.

L'orchestre est composé de 37 musiciens qui reçoivent ensemble... 1,612 fr.
Le nombre des employés est de 33 personnes y compris le souffleur, recevant ensemble..................... 1,065 fr.
Total par mois pour le personnel à traitement fixe..... 2,677 fr.
Ajoutons-y le traitement ordinaire de l'association qui est de, 8,740 fr.
Nous aurons pour chaque mois la dépense totale en personnel 11,417 fr.

Je passe aux frais de toute nature en dehors du personnel, et je les estime pour l'exploitation entière de neuf mois, suivant les registres que j'ai consultés de l'année 1846-47. Un détail y manque, celui des dépenses diverses; le chiffre qui y est porté ne me paraît pas très-clair ; du moins il me semble fort considérable. Les dépenses de chauffage et autres détails qu'ils renferment seront sans doute susceptibles de réduction de la part d'une association bien entendue ; mais dans tous les cas, je le porte tel qu'il est.

Tableau des frais généraux de toute nature, en dehors du personnel du Théâtre.

Luminaire........................	9,997 fr.
Droits d'auteurs	3,762
Frais d'impression	4,033
Figurants étrangers	256
Accessoires.....................	1,077
Dépenses diverses...............	20,000
Total des frais généraux du théâtre..	39,105

Enfin, nous devons ajouter à tout cela les dépenses que l'association devra supporter pour faire arriver à ses frais de Paris à Metz les associés et leurs bagages. Afin de prendre le cas le plus défavorable, je suppose qu'aucun d'eux ne se trouve sur les lieux à l'avance.

Le nombre étant de 44 personnes à transporter en diligence, j'admets le prix de 36 fr. par place, ce qui serait fort élevé, cela fait.	1,584 fr.
Un repas à table d'hôte, servi pendant le voyage à 2 fr. par tête...	88
22 personnes ayant droit à 300 kilog. d'effets, à 6 francs les 100 kilogr..	396
22 personnes ayant droit à 50 kilogr.....................	66
	2,134

On voit que j'exagère volontairement ce chiffre, puisqu'en général une partie des associés se trouvera toute transportée, et que le plus grand nombre, d'ailleurs, n'aura pas 300 kilog. d'effets à mettre au roulage.

Tous les calculs qui précèdent peuvent se résumer dans le tableau suivant :

Récapitulation de toutes les dépenses pendant neuf mois d'exploitation.

Traitement ordinaire des associés, 9 mois à 8,740 fr... 78,660 fr.
Orchestre 9 mois à 1,612 fr... 14,508
Employés 9 mois à 1,065 fr... 9,585
Frais généraux en dehors du traitement............ 59,105
Voyages des associés et transport des effets........ 2,134
                                                    _____
                                                    143,992

Maintenant prenons pour terme de comparaison le tableau général des recettes d'une année ordinaire, l'année 1845-46 par exemple ; le voici tel que je le trouve dans les registres :

MOIS.	ABONNEMENT			TOTAL.	RECETTES du soir.	RECETTES diverses.	subvention	TOTAL général.
	à l'année.	au mois.	militaire.					
	fr. c.	fr. c.	fr. c.	fr. c.	fr. c.	fr. c.	fr. c.	fr. c.
Septembre.	1,099 50	1,023 15	2,166 80	4,289 45	6,786 »	886 80	1,966 30	13,928 55
Octobre...	1,125 95	1,239 95	2,559 25	4,925 10	6,413 »	160 15	1,966 30	13,462 55
Novembre.	1,379 35	1,695 85	2,276 90	5,350 60	9,165 25	209 60	1,966 30	16,694 75
Décembre.	1,212 80	1,806 25	1,752 65	4,771 70	12,419 10	186 65	1,966 30	19,343 75
Janvier...	1,258 05	1,647 10	2,043 05	4,928 20	9,389 20	179 50	1,966 30	16,463 »
Février...	1,257 40	1,697 35	1,915 90	4,870 65	14,723 »	214 15	1,966 30	21,779 10
Mars	1,522 25	935 05	1,683 50	3,940 80	8,462 35	183 40	1,966 30	14,552 85
Avril.....	1,522 25	675 05	1,559 50	3,554 80	6,519 50	1,839 50	1,966 30	13,880 10
Mai	1,522 25	385 »	780 20	2,487 45	6,109 55	3,842 10	1,966 30	17,395 90
	14,280 25	11,098 75	16,739 75	39,118 75	82,682 45	7,701 65	17,696 70	147,197 55

Ce tableau donne 147,197 fr. 55 c. pour total général des recettes de l'année, c'est-à-dire 3,205 fr. 55 c. de plus que mes calculs ne supposent de dépenses.

L'année que j'ai choisie était assez favorable, et aucune des précédentes ne dépassait 150,000 f. de recettes. On voit que si j'arrive à un bon résultat avec les titres d'appointements que j'ai désignés, il ne faudrait pas les élever beaucoup pour perdre l'équilibre des recettes et dépenses, en supposant que les choses marchent comme par le passé.

Mais il est impossible qu'une administration bien dirigée et que les bons effets de notre association sur l'esprit du public n'améliorent pas promptement les affaires du théâtre. C'est pourquoi, tout en m'abstenant d'assurer des bénéfices brillants, je crois pouvoir les faire espérer dans un avenir prochain. En attendant, ceux qui ne toucheront pas d'aussi beaux appointements qu'ils voudraient, se consoleront sans doute par la pensée que tout le monde aura eu le bien-être, chose si rare dans les exploitations actuelles, qu'on peut dire qu'elle y est inconnue.

Il me reste à détailler l'estimation des divers articles dont se compose le *minimum* pour chaque classe. Cela sera utile, tant pour montrer que tout est prévu dans mes calculs, que pour faire connaître à chacun la somme qui pourrait lui être remboursée en espèces s'il arrivait que, par exception, telle ou telle partie de ce minimum ne lui soit pas fournie en nature.

Détail et emploi du minimum par mois (1).

	1re classe.	2e classe.	3e classe.	4e classe.
Nourriture	70	60	50	40
Loyer	30	25	15	12
Blanchissage	14	12	10	5
Entretien du linge	6	5	4	2
Entretien de la garde robe	32	25	20	12
Chauffage	8	6	4	4
	160	139	103	75

Ces chiffres ne sont pas irrévocablement fixés comme étant les sommes données par l'association aux différents fournisseurs. Ils expriment seulement le droit de chacun pour telle nature de dépense.

Par exemple, le prix de la nourriture pourra ne pas être aussi élevé, surtout si le nombre des pensionnaires est grand ; mais l'économie faite sur cet article pourra être touchée en argent ou bien reportée sur un autre article pour lequel on désirerait plus de luxe. Je suppose par exemple un Artiste de première classe dont la pension à l'hôtel ne coûtera probablement à l'association que 60 fr. au lieu de 70 ; il sera libre alors de prendre pour son minimum un logement de 40 fr., il pourra même le prendre de 50 fr., s'il est assez bien monté en effets pour n'avoir besoin de dépenser que 22 fr. par mois au lieu de 32 à l'entretien de sa garde-robe ; car l'association n'exige que ce qui est utile, et chacun a droit d'absorber son minimum complet de toute manière qui ne nuira pas aux intérêts com-

---

(1) On pourra m'objecter que je ne comprends pas dans le minimum les soins en cas de maladie dont une véritable association doit s'occuper pour tous ses membres. Je réponds d'abord que, selon l'usage, on obtient toujours pour les artistes les visites gratuites du médecin ; quant aux frais de médicaments, ils peuvent donner lieu à une indemnité, lorsque la maladie sera assez longue pour que l'artiste soit exclu de la participation au minimum et aux bénéfices du mois, ce ne peut être que l'objet d'un règlement particulier.

muns. Un Artiste de première classe peut même manger à une table inférieure s'il lui convient de faire cette économie.

Autre exemple : les dépenses de logement pourront donner lieu à économie à deux Artistes mariés, ou bien à d'autres auxquels il conviendrait de se réunir pour occuper ensemble un logement plus vaste sans payer chacun une part aussi forte. Ainsi, je suppose un premier ténor marié à une première chanteuse, ils ont droit chacun à 30 fr. de loyer, mais ils peuvent se passer d'un logement de 60 fr., ils en prennent un de 40 fr. et se font rembourser 20 fr. par mois, à moins qu'ils n'aiment mieux les reporter sur d'autres fournitures.

Deux Artistes mariés sans enfants trouveront sans doute commode de vivre à la table commune ; mais il ne peut y avoir pour cela de règle absolue, surtout s'ils ont des enfants ou d'autres parents avec eux : dans ce dernier cas, ils auront peut-être économie à vivre chez eux, et l'association ne pourra refuser de leur donner en espèces les parts de minimun auxquelles ils ont droit. Ce sera justice de les laisser libres ; mais qu'ils veuillent bien songer combien toutes les tables y gagneraient, sur tous les rapports, par la présence de tout le monde.

Arrivé à la fin de mon travail, je ne suis point découragé, et je sens plus que jamais la possibilité de mon *utopie;* car il me semble qu'elle a les chiffres pour elle. Je sens, malgré toutes les plaisanteries qu'on pourra dire et faire, que mon système est très réalisable et qu'il ne faut qu'une petite réunion d'Artistes de bonne volonté pour en tirer merveilles.

J'ai calculé tout dans des suppositions moins favorables que les circonstances où notre association se trouvera réellement. Combien une gestion intelligente, profitant des conseils et de la capacité de tous, ne fera-t-elle pas mieux qu'une exploitation abandonnée aux calculs égoïstes et plus ou moins maladroits d'un Directeur!

Parmi les Artistes il en est qui ont la manie de toujours critiquer la conduite des administrateurs, prétendant être aptes à mieux faire ; eh bien ! ceux-là auront beau jeu en association. Ce qui serait un vice en direction ordinaire deviendra une qualité utile à l'intérêt général. Il sera permis à ces braves faiseurs de mettre le nez dans la comptabilité et d'y voir clair pour ceux qui n'y voient pas. Ils seront heureux de deux manières : en soignant les intérêts des autres ils soigneront les leurs ; et en même temps ils satisferont leur manie de tout éplucher. L'administration ne s'engagera certes pas à suivre toutes leurs idées en fait de marche générale ; mais étant appelés probablement à faire partie du conseil, ils pourront tout à leur aise donner leur avis et le voir adopter, quand il sera bon.

Tout cela donnera de l'activité à la marche des affaires. Et puis songeons, au bon effet que peut faire la situation franche et loyale d'une société comme la nôtre ! toutes les personnes à qui j'ai déjà fait part de mon projet, m'assurent qu'avec une organisation semblable les sympathies du public ne peuvent manquer d'élever nos recettes au point que les bénéfices de première classe atteindront bientôt ces six ou sept cents francs par mois tant désirés des premiers sujets, et les autres en proportion. Il suffirait pour cela d'élever de 12 ou 15 mille francs le total général de recettes. Or, je crois la chose possible dès la première année même, en surveillant attentivement les recettes et les abonnements, et surtout l'entrée du public au contrôle, surveillance facile puisque tous y seront directement intéressés.

Ne laissons donc pas échapper l'occasion ; profitons

de la bonne disposition de cette bonne ville de Metz qui veut bien nous prêter son appui pour le premier essai de véritable association. Si vous saviez comme moi l'accueil flatteur qu'on a fait à ma proposition, et combien j'ai été encouragé dans cette voie, vous accepteriez les yeux fermés. C'est le public et mon organisation qui vous l'assurent, vous toucherez intégralement la valeur de vos appointements en bénéfices nets. *Vous toucherez vos appointements*, entendez-vous bien ? par le temps qui court c'est un fait assez rare. Et combien, parmi vous tous, feraient d'énormes concessions si leur traitement était assuré d'une manière quelconque par un directeur ordinaire, dût-il même ne pas vous donner de mois d'avance ! L'association, à la vérité, ne peut pas là-dessus prendre d'engagement ; mais elle tire parti de tout au profit de tous. Elle ne peut pas s'évaporer avec sa petite bourse comme un directeur peut le faire. Où y a-t-il une sûreté comparable à celle d'une association ? l'associé-administrateur viendrait à manquer aujourd'hui, demain un autre le remplacera sans déranger en rien la constitution sociétaire ni l'équilibre administratif ; tandis qu'un directeur qui part et abandonne ses pensionnaires, non seulement compromet les intérêts de tous, mais arrête toute la marche dont il ne s'occupait que pour lui, de sorte que tout est boulversé.

Et dans ces déconfitures qui arrivent si souvent, je vous le demande encore, quel beau résultat vous aura donné le mois d'avance si vous l'avez reçu ? a-t-il empêché le directeur de fermer boutique ? Tout au contraire, puisqu'il s'est déjà gêné en vous le donnant. Quelle sécurité vous a-t-il donc donnée, ce mois d'avance, et pouvez-vous la comparer à celle d'une association où vous trouvez toutes les facilités de vivre en arrivant ? Lors même que vous ne voudriez pas vous arranger de la table commune pendant toute l'année, ne voyez-vous pas qu'elle sera un bienfait, une chose indispensable pour vous, comme pour le bien de la caisse commune, pendant les six premières semaines qui ouvrent l'année théâtrale ? Ce sera le seul moyen de vivre sans être à charge à personne et sans risquer de faire des dettes en cas de chûte, et cela est si évident que je ne crois pas qu'il soit possible de refuser cette condition essentielle au moins pour cette durée de six semaines.

J'ai l'esprit et le cœur si remplis de mes convictions que je crains toujours de n'en avoir pas assez dit pour vous les faire partager. Que ne puis-je vous convaincre comme je voudrais de ma sincérité et du dévouement qui m'anime pour notre cause commune ! Il est bien prouvé, n'est-ce pas, que vous n'êtes pas heureux, que vous êtes exploités, que plusieurs d'entre vous ont à tout moment la misère à leur porte, que vous aspirez tous à une organisation nouvelle qui vous donne plus de sécurité ! alors écoutez-moi, quand je vous crie: associez vos intérêts, unissez vos efforts, dirigez vous-mêmes ces entreprises que les Directeurs ont laissé dépérir dans leurs mains avides; veillez vous-mêmes au soin de vos recettes, contrôlez toutes vos dépenses, établissez enfin une répartition proportionnelle de tous bénéfices ; et vous verrez si le règne du bonheur ne viendra pas bientôt.

Si vous m'avez bien compris, vous ne pouvez plus hésiter ; car les engagements que vous signez journellement sont bien loin de ressembler à celui que je vous propose. Je compte donc sur vous pour donner le signal, non pas de la révolte, mais de la transformation. Si je suis parvenu à secouer l'apathie qui vous tient engourdis, j'aurai accompli un devoir sacré. Etudiez un peu avec conscience ce mot ASSOCIATION que j'aurai prononcé tant de fois comme un cri de délivrance.

J'ai appris, moi, la valeur de ce mot, et j'en dois la reconnaissance aux socialistes, particulièrement au plus grand de tous, dont j'ai inscrit le nom à l'une des premières pages de cet écrit. Gloire à lui dont les travaux enseignent au monde entier les moyens de secouer cette misère que Dieu ne veut pas éternellement sur la terre !

Le système que je vous apporte n'est qu'une modeste tentative qui m'est inspirée par la science nouvelle que cet homme a créée. J'ai donc bien fait d'annoncer que je n'aurais pas l'orgueil d'un inventeur. Je n'ai qu'une foi vive et un ardent désir de travailler autant qu'il est en moi au bonheur de ceux au milieu desquels je vis. Puissent-ils me comprendre, et de tous côtés l'on nous imitera bientôt, car de tous côtés l'on souffre ; et nous aurons du moins l'honneur d'avoir montré les premiers tout ce qu'il y a de bienfaisant dans ce simple mot bien compris : ASSOCIATION !

FIN.

www.ingramcontent.com/pod-product-compliance
Lightning Source LLC
Chambersburg PA
CBHW060515050426
42451CB00009B/996